Werner Obalski | Jürgen Deibel

Sherry

Kultur & Genuss

Impressum

ISBN 978-3-7750-0524-1
5 4 3 2 1 | 2011 2010 2009 2008

© 2008, Walter Hädecke Verlag, Weil der Stadt
www.haedecke-verlag.de

Lektorat: Mo Graff, Weil der Stadt
Gestaltung und Satz: Julia Graff, Design & Produktion, Düsseldorf
Gesetzt aus der Clarendon und der EstaPro
Litho: LUP AG, Hürth
Printed in EU 2008

Mengen, Abkürzungen und Temperaturangaben

Msp. – Messerspitze
TL – Teelöffel
EL – Esslöffel
g – Gramm

kg – Kilogramm (1000 g)
ml – Milliliter (1/1000 Liter)
cl – Zentiliter (1/100 Liter)
cm – Zentimeter (1/100 Meter)

Die Temperaturangaben beziehen sich auf die Zubereitung in einem normalen Elektroofen mit Ober- und Unterhitze, soweit nicht anders angegeben.

Inhalt

Vorwort 5

Einleitung 7

Geschichte 11

Junger, alter Knabe 11 | Der Sprit im Wein 14 |
Die Engländer in Jerez de la Frontera 17

Die Basis 20

Sherry-Grundtypen 23

Reifeprüfung 25

Sherry-Typen 28

Trockene Sherrys 29 | Halbtrockene Sherrys 31 |
Süße Sherrys 32 | Raritäten 32

Sherry und Genuss 37

Glas 37 | Die richtige Temperatur 38 |
Haltbarkeit 38

Die Bodegas 41

Die Rezepte 57

Cocktails mit Sherry 86

Reisetipps 91

Nicht nur Wein… 91 | Jerez und die Pferde 92 |
Jerez und der Flamenco 92 | Wichtige Telefon-
nummern 93

Über die Autoren 94

Danksagung | Bildnachweise 95

Vorwort

Sherry ist einer der berühmtesten Weine der Welt.
Sherry ist die englische Übersetzung von Xerez; und dabei handelt es sich um jene weltberühmte Stadt im Süden Spaniens, genauer in Andalusien, noch genauer, näher am Atlantik als am Mittelmeer – und genau das ist der Knackpunkt. Das Mikro-Klima dieser Region gehört zu den interessantesten und seltensten der gesamten Weinwelt. Deshalb ist Sherry auch einer der spannendsten Weine, die es gibt.

Der verhältnismäßig hohe Alkoholgehalt macht ihn zu einem Drink, der nicht nur Aufmerksamkeit und Konzentration des Gaumens, der Geschmacksnerven verlangt, sondern auch Zuneigung. Denn nur, wenn diese Voraussetzungen gegeben sind, erschließt sich dem Genießer die ganze Welt des Sherry. Die besteht nicht nur aus den in Deutschland vorwiegend bekannten *Dry, Medium* und *Cream (Rich Golden)*.

Die Variationen sind wesentlich vielfältiger. Mehr als zehn grundverschiedene Weine wetteifern um die Gunst der Aficionados. Genauso vielfältig sind auch die Speisen, zu denen sich einer dieser großartigen Weine genießen lässt.

In diesem Buch wollen wir den Sherry aus seinem hierzulande aufgedrückten Image als *Nur-Aperitif* holen und anhand einer Reihe von Rezepten, die uns Spitzenköche zur Verfügung gestellt haben, beweisen, wie vielfältig der Andalusier einzusetzen ist ...

Werner Obalski

Palomina-Traube am Rebstock (oben links) | Florschicht im Fass (oben rechts) | Auffahrt zum Weingut El Corregidor

Einleitung

Sherry ist ein Wein. *Selbstverständlich, nichts Neues, alter Hut,* werden jetzt viele sagen. Indes: So selbstverständlich scheint das nicht zu sein. Warum sonst wird der Andalusier in nahezu jeder Getränkekarte ausschließlich unter der Rubrik *Aperitif* geführt? Warum sonst wird er in Katalogen häufig unter der Rubrik *Spirituosen* gelistet? Aus Unwissenheit? Bequemlichkeit?

Wahrscheinlich ist es eine Mischung aus beiden; vielleicht ist ja Sherry auch selber schuld, weil er sich von seinen Produzenten reichlich Weinbrand ins Fass kippen lässt. Das passiert ja auch beim Port, bei Marsala, bei Madeira, beim ungarischen Tokajer. Nur würde da keiner auf die Idee kommen, diese flüssigen Leckerbissen unter den Spirituosen aufzulisten.

Es muss wohl am *Aperitif* liegen. Sherry ist einer der beliebtesten flüssigen Appetitanreger und da die meisten Vertreter dieser Drink-Gattung mit härterem Alkohol zubereitet werden, ist die Verwandtschaft mit Hochprozentigem gleich hergestellt. Allerdings: Wundern darf sich der Genießer schon – auch trockene Weißweine und vor allem Schaumweine sind vor dem Menü äußerst beliebt. Champagner als Schnaps zu bezeichnen, würde niemand wagen, zumal er im Restaurant sofort mit dem Entzug desselben zu rechnen hätte ...

Werner Obalski

Kathedralen des Weins

Geschichte

Junger, alter Knabe

Schon rund 3000 Jahre hat er auf dem Buckel, der Wein aus Andalusien. Begonnen hatte die ganze Geschichte aber erst mutmaßlich im Jahre 700 vor Christus.

Schon seit dem 9. Jahrhundert vor Christus haben die Bewohner des südlichen Iberien einen schwunghaften Handel mit den Phöniziern betrieben. Schwerpunkt dieser Tätigkeit war die Mündung des Flusses Guadalquivir, westlich der Straße von Gibraltar. Die Phönizier waren es wohl auch, die in der Gegend des heutigen Cadiz den dortigen Bewohnern den Weinbau beigebracht haben. Der Ort Xera, aus dem sich Xerez – Jerez – entwickelt hat, wird aber erst rund 700 vor Christi Geburt erwähnt.

Einige hundert Jahre später – genauer im Jahre 65 nach Christus – verfasste ein gewisser Lucius Lunius Moderatus Columnelle in Cadiz ein umfangreiches Werk über Landwirtschaft und Gartenbau, was auch die Bemühungen der Weinbauern um edle Tropfen auf einen wissenschaftlichen Boden stellte. Weine aus Cadiz waren zu dieser Zeit schon sehr geschätzt und wurden exportiert – insbesondere nach Rom. Es ist allerdings nicht überliefert, dass die Weine aus Cadiz am Untergang des Römischen Reiches beteiligt waren ...

Jedenfalls fand anno 711 die berühmte Schlacht am Rio Guadelete statt, zwischen den Westgoten und Mauren. Die Barbaren zogen den Kürzeren und es folgten fast 800 Jahre der Besetzung eines großen Teiles der Iberischen Halbinsel durch die Mauren. Diese hat der Region – noch heute deutlich nachzuvollziehen – einen unauslöschbaren

Anbaugebiet rund um Jerez (oben links) I Alte Sherryfässer in der Bodega Sandeman (oben rechts) I Das Weingut El Corregidor in der Gegend von Carrascal.

11

Der Capataz kontrolliert die Farbe des Sherrys.

kulturellen Stempel aufgedrückt. Dem Wein kam das zwar weniger zugute, dafür lernten aber die Iberer von den Mauren die Kunst der Destillation.

1268 eroberten die Spanier unter der Führung von König Alfonso X. den besetzten Teil ihrer Halbinsel zurück. Xerez, oder Jerez, wurde Grenzstadt und der Name ist bis heute geblieben: Jerez de la Frontera.

Die erste große Erfolgsgeschichte des Weines der Region wurde in der Zeit zwischen dem 15. und 17. Jahrhundert geschrieben; damals entwickelte er sich zu einem der wichtigsten Exportartikel und beanspruchte auf den Handelsschiffen immer mehr Laderaum – vor allem nach Nordeuropa.

So wird der Wein aus Jerez, der *Sherry-Wein*, auch in England immer bekannter; vor allem durch Sir Francis Drake, der 1587 den Hafen von Cadiz überfällt und ganze Schiffsladungen des edlen Traubensaftes mit nach England entführt. Dort wurde er immer beliebter und entwickelte sich später zu einem der wichtigsten Artikel in den Handelsbeziehungen zwischen Spanien und dem United Kingdom.

Im 18. Jahrhundert ließen sich immer mehr Händler, eine ganze Menge davon Engländer, in der Region um Jerez nieder, was an vielen Bodega-Namen noch heute nachzuvollziehen ist. Dabei wuchsen Händler und Weinproduzenten immer enger zusammen. Allerdings waren die Vorgaben der Weinhersteller streng; so streng, dass die Händler, besonders die ausländischen, eine Liberalisierung forderten. Dem wurde im 19. Jahrhundert zugestimmt. In diese Zeit fallen auch die Einführung der Solera und das Aufspriten, um die Weine haltbar für die langen Transporte zu machen. Für die Qualität des Sherrys bedeutet das einen Riesensprung vorwärts. Ende dieses Jahrhunderts, genauer 1894, wütete die Reblaus in den andalusischen Weinbergen und ein Großteil der Rebstöcke wurde vernichtet.

Ebenso wie in anderen europäischen Weinregionen wurden fortan nur noch resistente Rebstöcke (zum Teil aus den USA eingeführte Klone) verwendet und die Weinberge erholten sich wieder.

Zu Beginn des 20. Jahrhunderts wächst die Sherryproduktion beständig. Regularien entstehen, um die andalusische Wein-Preziose zu schützen. Das gilt für Marken ebenso wie für die Herkunft. Bodegas und Winzer werden in dieses erfolgreiche Konzept eingebunden und sind damit integraler Bestandteil eines *Gesamtsystems Sherry*.

1933 wird die *Denomination of Origin* vom spanischen Parlament verabschiedet. Diese schützt Malaga und die Region des Sherry-Dreiecks per Gesetz. Ebenfalls in diesem Jahr wird das Consejo Regulador gegründet, jene Institution, die bis zum heutigen Tag Traditionen und Vorgaben zur Sherry-Herstellung überwacht – damit auch in den nächsten 3000 Jahren gesichert ist, dass die Aficionados an ihren Lieblingsstoff herankommen …

Der Sprit im Wein

Eigentlich ist ja Shakespeare schuld: Sein Held Falstaff hatte sich den andalusischen Wein als Liebling auserkoren, was die Engländer prompt dazu brachte, es ihm gleichzutun. Wir wissen seit Jahrhunderten, dass die Insulaner im Nordwesten Europas alkoholischen Getränken nicht unbedingt abgeneigt waren – und heute noch nicht sind. Zu Shakespeares Zeiten (und auch bis weit ins 19. Jahrhundert) war es allerdings gar nicht so einfach, an den Stoff ranzukommen, denn die südspanischen (und natürlich auch portugiesischen) Weine hatten einen langen Seeweg bis nach England vor sich. Das ließ die edlen Tropfen leider allzu oft sauer werden.

14

Die Winzer mussten sich also etwas einfallen lassen, um die Weine haltbarer zu machen für ihren langen Weg nach England und Holland – später gesellten sich noch die Amerikaner hinzu. So kamen die Spanier auf die Idee, dafür destillierten Wein, also Brandy, zu nehmen. Eine neue Weinkategorie war geboren, die gespriteten Weine. Der Hart-Alkohol hat sich bis heute als hervorragender Geschmacksverstärker erwiesen. Die berühmtesten dieser Weine sind heute neben Sherry der Port und der Madeira – alle aus dem iberischen Raum. Doch es gibt einen gravierenden Unterschied: Alle gespriteten Weine sind süß – außer Sherry, abgesehen von den süßen Sherrys wie Pedro Ximinez und Cream.

Wein mit Schnaps zu versetzen, eröffnete den Liebhabern dieses Getränks eine völlig neue Dimension dessen, was gemeinhin als Geschmack bezeichnet wird. Ein – zum Teil nur unwesentlich höherer – Alkoholgehalt ist besonders im trockenen Wein – und darum handelt es sich ja in der Regel beim Sherry – deutlich spürbar; deshalb scheiden sich hier auch die Geister, was die Anhänger und Gegner dieses Weines betrifft. Meistens gibt es nur Fans oder eben keine Fans ...

Die Engländer in Jerez de la Frontera

Aufgrund der Sprachbarriere hatten die Engländer Mühe, den Namen der Stadt, aus der ihr Lieblingswein kam, korrekt auszusprechen: aus dem spanischen Jerez (*Cheres*) wurde im Laufe der Zeit *Sherry*.

Nicht nur das – eine große Anzahl der Bodegas tragen englische Namen. Und das kam so: Schon früh wurde Sherry mit Schiffen nach Amerika transportiert; dort landeten aber nur relativ unbedeutende Mengen, der Rest war eine Beute der Seeräuber. Ende des 16. Jahrhunderts schließlich gelang es einem Kapitän aus der Flotte Sir Francis Drakes, nach dem Überfall auf Cadiz, auch Jerez zu plündern und ein paar tausend Schläuche Sherry mit nach London zu nehmen. Der Wein kam bei Hofe ausgezeichnet an und nach einem erneuten, aber gescheiterten Angriff auf Cadiz beschlossen Engländer (und Iren), in Andalusien zu investieren, um problemlos an den Stoff heranzukommen.

Vor allem im 19. Jahrhundert kam die Sache richtig in Schwung. Harveys, Williams & Humbert, Osborne und Sandeman sicherten sich ihre Pfründe in dieser Zeit.

Aber auch im 18. Jahrhundert intensivierten die Insulaner ihre Aktivitäten in Andalusien: Garvey aus Irland etwa und ein paar Jahre später die Schotten Duff und Gordon, die Vorgänger des heutigen Jumbos Osborne. Auch im 20. Jahrhundert investierten die britischen Sherry-Liebhaber, so machte Harveys da weiter, wo sie viele Jahre vorher begonnen hatten; Croft und Ahold kamen hinzu.

Don in der Bodega Sandeman (oben links) | Jerez de la Frontera (oben rechts) | Nur ein echter Venenciador beherrscht die hohe Kunst im Schwung die Gläser zu füllen.

Die Basis

Drei Rebsorten bilden die Basis des Sherry: 95 Prozent davon gehören zur Sorte Palomino. Die typischste aller Sherrytrauben ergibt relativ neutrale Weine, wobei vor allem deren Tendenz zur Oxydation für die Kelterung gewünscht wird. Palomino gedeiht ideal in trockenen und wasserarmen Regionen. Das spezielle Mikroklima im magischen Sherry-Dreieck (so wird das Gebiet zwischen Sanlúcar de Barrameda im Norden, Jerez de la Frontera im Südosten und El Puerto de Santa Maria im Südwesten bezeichnet) wird sowohl vom Atlantik- als auch vom Mittelmeerklima beeinflusst. Die Bodegas sind zum Meer hin offen.

Die zweite Rebsorte, Pedro Ximinez (oder auch P. X.), ergibt nicht nur einen seltenen Süßwein, sie wird auch für die Cuvées besonderer Sherrys verwendet. Die dritte im Bunde, die Moscateltraube, wird ebenfalls zum Süßen verwendet. Die beiden letztgenannten Rebsorten wachsen allerdings gerade mal auf fünf Prozent der gesamten Anbaufläche.

Ausschlaggebend für die Traubenqualität sind die Kalk-
böden, span. *Albarizas*. Die *Albarizas* fungieren als Was-
serspeicher, die das wertvolle Nass tief unter der Oberflä-
che zurück halten. Weinstöcke haben außergewöhnlich
lange Wurzeln. So sind sie in der Lage, ihre Nahrung auch
aus sehr tiefen Bodenschichten zu holen. Vor allem aber
reflektieren diese Albarizas das Sonnenlicht von unten auf
die Trauben, die von oben durch Blätter geschützt sind

Im Sherrygebiet sind von der Kultivierung der Trauben bis
hin zum Endprodukt in der Flasche strenge Regularien
vorgeschrieben. Darüber wacht das *Consejo Regulador*,
genauer *Consejo Regulador de las Denominaciones de
Origen Jerez-Xeres, Manzanilla-Sanlúcar de Barrameda y Vinagre de Jerez* mit Sitz in Jerez de la Frontera. Die
Organisation ist die Interessenvertretung der Weinliefe-
ranten, Bodegas und Produzenten.

**Der Eingang zum Palacio der Familie Domecq in
Jerez (Seite 20, links) I Die unterschiedlichen Fär-
bungen von Sherry (Seite 20, rechts) I Innenhof aus
dem 18. Jahrhundert im Palacio der Familie Domecq
(links) I Fasslager in Bodega (rechts)**

Anfang September beginnt in der Regel die Vendemmia, die Weinlese. Sie dauert etwa 20 Tage. Wenn die Trauben in der Kelterei angekommen sind, werden sie in großen Tanks vergoren. Die sind heute zumeist aus Stahl, es gibt aber noch Bodegas, die alte, riesengroße Ton-Tanks verwenden, auch viele Betontanks sind noch in Gebrauch. Die erste Gärung ist *stürmisch*, denn während ihres Verlaufes werden rund 90 Prozent des Zuckers in den Trauben in Alkohol und Kohlensäure umgewandelt. Die Dauer dieses Prozesses beträgt in der Regel drei bis sieben Tage, abhängig von der Umgebungstemperatur.

Darauf folgt die *ruhige* Gärung. In dieser Zeit, die bis Anfang Dezember dauert, bilden sich die wichtigsten Merkmale des jungen Weines heraus. Noch haben wir es nicht mit Sherry zu tun, sondern mit stillem Wein. Schon in dieser Phase beginnen Oenologen und Kellermeister (span. Capataz) mit der Klassifizierung und dabei fällt bereits die Vorentscheidung, ob aus dem Wein ein Fino, ein Amontillado oder Oloroso werden soll. Helle und leichte Weine werden zu Finos vollendet, kräftigere mit mehr Körper und Struktur zu Olorosos.

Jetzt trennen sich die Wege der Weine. Allerdings ist ihnen eines noch gemeinsam: Sie werden mit Weingeist angereichert. Der Alkoholgehalt ist unterschiedlich:

Finos: 15 Vol.-%
Olorosos: bis 17,5 Vol.-%

Sherry-Grundtypen

Bei den Finos bleibt die Hefeschicht *(Flor)*, **die sich gegen Ende des Gärungsprozesses gebildet hat, erhalten.** Sie schließt den Sherry im Fass luftdicht ab. Das gilt auch für den trockensten aller Sherrys, den Manzanilla, der ausschließlich in Sanlúcar de Barrameda am Atlantik produziert werden darf – bis hin zur Flaschenabfüllung. Zu den trockenen gehört auch noch der Amontillado. Die bei allen drei Typen vorhandene Hefeschicht verhindert die Oxydation, nur beim Amontillado findet als zweites der oxidative Reifevorgang statt. Durch die Zugabe des neuen Weines wird hier der Hefe die Nahrung genommen. Sie stirbt ab und zersetzt sich.

Normalerweise greifen die Kellermeister allerdings in den Reifeprozess ein, indem sie (allerdings erst nach drei Jahren) den Alkoholgehalt mit Weindestillat auf über 17 Prozent *einstellen*. Damit wird die Hefeschicht aufgelöst und der Wein ist der Oxidation mit dem Luftsauerstoff ausgesetzt.

Dabei entwickeln sich neue Aromen wie z. B. Vanille und Tabak, der Sherry bekommt einen insgesamt weicheren Geschmack.

Bei den Olorosos wird der Alkoholgehalt von Anfang an erhöht, die Florschicht zerfällt sofort. Somit oxidiert der Wein von Anfang an und erhält seine charakteristische Farbe von Bernstein bis Mahagonibraun.

24

Reifeprüfung

Neben den Rebsorten und der Arbeit im Keller ist das entscheidende Kriterium für den außergewöhnlichen Geschmack des Sherrys seine Reifung. Die findet in der Regel in amerikanischen Eichenfässern mit einem Fassungsvermögen von ca. 600 Litern statt.

Solera heißt das Zauberwort, das dieses besondere Reifeverfahren benennt. Solera leitet sich vom spanischen suelo ab und das heißt auf deutsch Boden. Wer dieses Verfahren im Endeffekt entwickelt oder erfunden hat, ist nicht klar, allerdings scheint festzustehen, dass auch die Engländer dabei ihre Finger im Spiel hatten.

In den Weinkathedralen genannten Bodegas befinden sich mehrere Fass-Reihen übereinander – je nach vorhandenem Platz. Meistens sind es drei bis fünf in Pyramidenform (z. B. unten fünf, dann vier, drei, zwei Fässer und ein Fass an der Spitze). Diese werden kontinuierlich etwa alle drei bis vier Monate umgefüllt. Das wird von Pumpen erledigt, in kleinen Bodegas ist allerdings auch viel Handarbeit im Spiel. Aus der untersten Reihe, unmittelbar über dem Boden, in dem sich der älteste Wein befindet, wird dieser entnommen (in der Regel sind das etwa 30 bis 35 Prozent, maximal 40 Prozent) und in Flaschen abgefüllt.

Die darüber liegenden Reihen heißen Criaderas. Der Wein in der Solera wird aus der ersten Criadera wieder aufgefüllt, dieser aus der zweiten und so weiter. In die oberste Reihe füllen die Kellermeister den neuen Wein, der allerdings auch schon ein Jahr Lagerzeit auf dem Buckel hat. Mindestens drei Jahre sind in der Solera vorgeschrieben.

Bodega La Mezquita (oben) | Prominentenfässer in der Sakristei Sanchez Romate (unten links) | Kontrolle der Sherry-Färbung (unten rechts)

Allerdings ist davon auszugehen, dass die meisten Bodegas ihren Weinen wesentlich mehr Lagerzeit gönnen und er dann auch erheblich mehr Stufen *(escalas)* durchläuft. Die Winzer im Sherry-Dreieck haben diese Reifemethode entwickelt, weil sie zwei wichtige Vorteile hat:

Die entnommene Qualität des Weines bleibt konstant, da der jeweils jüngere, frisch umgefüllte Wein mit der Zeit die Charakteristika und Aromen seines älteren Bruders annimmt. Deshalb ist eine Entnahme von maximal 40 Prozent aus den jeweiligen Fässern so wichtig. Umgekehrt bringen die jungen Weine neue Frische hinzu.
Durch das vorsichtige Umfüllen bleibt – bei den Finos und Manzanillas – die für die Geschmacksbildung so wichtige Florschicht erhalten.

Spitzensherrys reifen in der Regel insgesamt zwischen fünf und acht Jahre, vor allem Finos und Manzanillas; aber es gibt auch andere Sherrytypen, die 20 bis 30 Jahre in der Solera zubringen.

Sherry trägt in der Regel keine Altersangaben auf dem Etikett; wegen der dynamischen Reifung über Jahre und sogar Jahrzehnte hinweg ist das auch gar nicht möglich. Es gibt Weine, die schon ein stolzes Alter von 120 Jahren und mehr erreicht haben. Sollte auf dem Etikett eine Altersangabe zu finden sein, so besagt die meistens lediglich das Jahr, in dem die Solera angelegt worden ist. Wer einmal eine dieser Bodegas besucht, sollte es keinesfalls versäumen, sich vom Capataz das „Paradies", die „Bibliothek" oder „Sakristei" zeigen zu lassen, also den Ort, an dem die ältesten Fässer und Flaschen lagern. Viele davon tragen „Autogramme" von Prominenten, denen die Fässer gewidmet sind und die schon einmal die Bodega besucht haben. Selbstverständlich immer vertreten: die spanische Königsfamilie ...

Frisch und trocken bis fruchtig süß – die ganze
Sherry-Vielfalt.

Sherry-Typen

Grundsätzlich sind eigentlich alle Sherrys trocken, aber
das wissen die meisten Verbraucher überhaupt nicht. Kein
Wunder – in Mitteleuropa wünschen sich die Genießer
meistens halbtrockene oder gar süße Sherrys. Hier wird
nur zwischen trocken, halbtrocken oder süß unterschieden
– einer der Hauptgründe, dass die meisten Konsumenten
in Deutschland beim Sherry nur *Dry*, *Medium* und *Cream*
kennen. Sie wissen nicht, was ihnen entgeht. Um liebliche
und süße Weine zu bekommen, werden kleine Mengen an
Süßwein oder -most hinzugegeben; natürlich kommen
auch eine ganze Reihe Sherrys nicht knochentrocken aus
der Solera. In ihrer Heimat ist so die Palette der verfügbaren Weine viel größer als hierzulande:

Trockene Sherrys

Fino

Der leuchtend hellgelbe und trockene Wein ist wohl der bekannteste Vertreter seiner Gattung und gleichzeitig der Liebling der Spanier. Er wird aber auch sehr erfolgreich in die ganze Welt exportiert. Typisch ist sein dezentes Mandelaroma. Mindestens drei Jahre in der Solera hat er hinter sich. Es gibt ihn in verschiedenen Variationen: *Dry*, *Very Dry* und *Very Pale Dry*.

Manzanilla

Das ist auch ein Fino, aber er kommt direkt vom Atlantik, aus der Stadt Sanlúcar de Barrameda, in der ein spezielles Mikroklima herrscht. Nur hier wird er hergestellt, nur hier darf er in Flaschen abgefüllt werden. Wer über eine feine Zunge verfügt, wird seinen leichten Salzgeschmack registrieren. Der Seewind durchzieht die Bodegas, in denen die Soleras liegen. Die Trauben für Manzanilla kommen aus dem gesamten Sherry-Dreieck.

Achtung: Es ist manchmal nicht unbedingt opportun, in einer Tapas-Bar in Sanlúcar einen Fino zu bestellen, ebenso wie es eher ungewöhnlich ist, einen Manzanilla in Jerez zu ordern. Die Einheimischen erkennen spätestens daran den Fremden und dann kann es schon mal sein, dass man unter den schadenfrohen Blicken der Einheimischen an den Nachbartischen einen Kamillentee vorgesetzt bekommt – der heißt nämlich auch *Manzanilla* ...

Amontillado

Hierbei handelt es sich um einen *alten* Fino, der das Finish seiner Reifezeit im Gegensatz zum Fino ohne Florschicht erlebt. Typisch ist seine Bernsteinfarbe. Charakteristisch für trockene Amontillados ist ihr Nussaroma und ein Hauch von Orange.

Oloroso

Auch Oloroso ist trocken. Übersetzt bedeutet *oloroso – wohlriechend*. Er zeichnet sich aus durch ein kräftiges Aroma, ist vollmundig und auch die Nussaromen sind unverkennbar. Dunkle Bernsteinfarbe ist sein Erkennungszeichen.

Trockene Sherrys sind beliebte Aperitifs, eignen sich aber auch ganz hervorragend als Begleiter zum Essen, vor allem zu Fisch und Meeresfrüchten; Oloroso harmoniert ausgezeichnet mit Wild und Rind.

Halbtrockene Sherrys

Medium

Dabei handelt es sich um einen Sherry, der in seiner Charakteristik zwischen Amontillado und Oloroso liegt. Seine Süße hat er durch das Hinzufügen von Pedro Ximinez (P. X.), dem süßesten aller Sherrys. Auch in dieser halbtrockenen Variante eignet er sich als Aperitif, etwa zu bestimmten Tapas oder herzhaftem Käse. Für Medium Sherry gibt es mehrere Bezeichnungen: z. B. Amoroso oder Rich. Typisch ist seine oben beschriebene Oloroso-Farbe. Diese entwickelt sich allerdings erst, wenn die Hefeschicht, also der Flor, nach ca. drei Jahren auf den Fass-Boden absinkt.

Golden

Auch das ist ein Medium-Sherry (allerdings etwas süßer), der mit Pedro Ximinez gesüßt wird. Sein milder Geschmack ist sehr aromatisch. Diese Bezeichnung (*Golden*) ist noch ziemlich jung. Sowohl bei Medium als auch bei Golden Sherry können neben der P. X.- auch die Moscatel-Weine zum Süßen verwendet werden. Als *Rich Golden* bewegt er sich bereits an der Grenze zu den süßen Sherrys.

Halbtrockene Sherrys eignen sich neben ihrer Eigenschaft als Aperitif besonders gut zum legendären Jamón, jenem spanischen Schinken, der als »Serrano« einigermaßen erschwinglich ist, als »Pata Negra« allerdings fast unbezahlbar.
Auch als Zugabe zu Suppen und Fleischragouts ist ein halbtrockener Sherry oft unverzichtbar.

Süße Sherrys

Cream

Diese Sherrys haben eigene Dimensionen, die womöglich nur mit denen des Portweins verglichen werden können. Cream ist quasi eine Cuvée aus trockenem Oloroso und süßem, fast schwarzen Pedro Ximinez-Wein, dem süßesten eben, den Andalusien zu bieten hat. Das wird schon an der Farbe deutlich: In dunklem Rubinrot und leicht dickflüssig kommt der großartige Tropfen daher.

Pedro Ximinez

P. X. – so die offizielle Abkürzung – ist ein Hundertprozenter, er ist ausschließlich aus den süßesten Trauben des Sherrydreiecks gekeltert.

Doch vor das Keltern haben die Weinmacher noch eine zwei Wochen lange Tortur gesetzt. Die Trauben trocknen in dieser Zeit auf Strohmatten unter der heißen andalusischen Sonne. Danach haben sie das Aussehen von Rosinen – und sind auch welche. Der natürliche Zuckergehalt dieser verschrumpelten Basis des Süßweines beträgt rund 400 g (!) pro Liter. Der fertige Wein ist zähflüssig, fast schwarz – oder nennen wir es eleganter – dunkelmahagoni. Der Geschmack ist mit *intensiv nach Rosinen* am besten beschrieben. Hier haben wir einen perfekten Digestif. Kulinarisch besonders harmonisch verbindet sich P. X. mit kräftigen Käsesorten, vor allem Blauschimmel.

Raritäten

Neben den genannten Klassikern bietet die Welt des Sherryweines noch eine ganze Reihe von traditionsreichen Raritäten. Lassen wir diejenigen, die viele Jahre durch die Solera gewandert sind, einmal außen vor, landen wir zunächst beim

Palo Cortado

Mischung ist zwar niemals eine adäquate Bezeichnung für diesen Sherry, aber, genau genommen, handelt es sich hier um einen Wein, der alle Merkmale eines Amontillado (frische, delikate Aromen) mit dem vollmundigen Bukett eines Oloroso vereint. Palo Cortado reift zunächst wie ein Fino unter der Florschicht, anschließend folgt eine oxidative Reifezeit unter dem Einfluss von Sauerstoff. Zwar unterscheidet sich das Aroma nicht gravierend von dem eines Amontillado, auf der Zunge aber und optisch kommt er als Oloroso daher. Der Grund: Amontillado z. B. reift sieben Jahre unter der Florschicht und neun Jahre oxidativ. Palo Cortado dagegen reift fünf Jahre unter Flor und 15 Jahre oxidativ. Weinverkoster stehen dabei vor einem Problem: Eine Unterscheidung in dunklen Gläsern wie etwa bei professionellen Blindverkostungen ist nahezu unmöglich.

Alte Sherrys

Diese Kategorie hat zwischen 20 und 30 Jahre in der Solera zugebracht. Dafür gib es auch besondere Bezeichnungen:

VOS steht für *very old sherry*: das bedeutet, der jüngste der Weine muss mindestens 20 Jahre in der Solera verbracht haben.

VORS *very old rare sherry* steht für mindestens 30 Jahre in der Solera.

Hier herrschen besonders strenge Sitten, denn von diesen edlen Tropfen dürfen pro Jahr nicht mehr als ein Liter pro 20 Liter (beim VOS) bzw. ein Liter pro 30 Liter (beim VORS) auf Flaschen gezogen werden. Dieses Zertifikat beschränkt sich allerdings auf Amontillado, Palo Cortado, Oloroso und Pedro Ximinez.

Sherry und Genuss

Um Sherry zu genießen, sollten einige wenige Kriterien beachtet werden. Die Freude am Genuss wird dann umso größer.

Glas

Sherrygläser, genannt *Copitas*, sind optimal, wenn sie nicht zu klein sind. Nicht nur der Liebling der Andalusier entfaltet in ihnen seine Aromen am besten, mittlerweile ist es auch selbstverständlich, diese oder ähnliche Gläser für edle Spirituosen wie Cognac, Whisk(e)y, Brandy, Rum etc. zu benutzen. Die Spanier benutzen auch *Catavinos*; das sind typische Weinverkostungsgläser, die kleiner sind als die üblichen Weingläser.

Die Farbe des Sherrys: von strohfarben bis ins dunkle Mahagoni (Manzanilla, Fino, Amontillado, Oloroso, Pedro Ximenez). | Palomino-Traube (links)

37

Die richtige Temperatur

Die Serviertemperatur beim Fino und seinem Bruder Manzanilla beträgt 5 °C bis 7 °C. Amontillado entfaltet seine Aromen am besten bei 13 °C bis 14 °C.
Oloroso genießen Kenner bei etwa 16 °C, Medium kommt ideal, wenn er ein wenig gekühlt ist, so um die 10 °C bis 11 °C. Cream verträgt 13 °C und Pedro Ximinez schmeckt am besten bei 15 °C bis 18 °C.

Haltbarkeit

Sherrys sind nicht unbegrenzt haltbar: Wenn die Flasche einmal offen ist, sollte der Wein auch nicht mehr zu lange aufbewahrt werden. Die wertvollen Kristallkaraffen aus diversen Spielfilmen, aus denen dem Gast der Sherry kredenzt wird, sind also Humbug, wenn sie länger stehen; und das Umfüllen des Weins sollte man dem Capataz in der Bodega überlassen, wenn er die Solera aktualisiert, und nicht dem Butler von der Flasche aus dem Keller in die Karaffe.
So sollte ein Fino wie der Dry Seco oder Don Fino oder ein Manzanilla, wenn die Flasche einmal offen ist, innerhalb von zehn Tagen geleert werden, ungeöffnet hält sie ca. 18 Monate. Amontillados sind da schon stabiler. Geöffnet halten sie mehrere Wochen, ungeöffnet zwei bis drei Jahre. Olorosos (z. B. Rich Golden), Medium, Cream- und P. X.-Sherrys nehmen in der offenen Flasche mehrere Monate keinen gravierenden Schaden, ungeöffnet viele Jahre, ja sogar Jahrzehnte.
Das hängt natürlich auch mit dem Alkoholgehalt zusammen, wobei die Regel gilt: Je mehr Alkohol, desto länger ist die Haltbarkeit. Fino und Manzanilla haben ca. 16 Vol.-%; ebenso Amontillado, Oloroso und Medium. Cream ist unter den Standards der härteste Bursche mit 16–18 Vol.-%, P. X. begnügt sich mit 15 Vol.-%.

Beim Palo Cortado liegt der Alkoholgrad bei 17–22 Vol.-%
und auch die alten Sherrys haben mehr als 20, was daran
liegt, dass in dieser langen Reifezeit mehr Wasseranteile
durch die porösen Fässer verdunsten.

Bodega Fernando Castilla

RECUERDO DE LA VISITA
DE SU ALTEZA REAL
EL PRINCIPE DE ASTURIAS
DON FELIPE DE BORBON
JEREZ 12 ABRIL 2002

MARIA CRISTINA

17 DE MAYO 1902

Die Bodegas

Zurzeit sind 64 Bodegas im Consejo Regulador registriert und organisiert; sie dürfen nur in den Städten produzieren, die die Spitzen des Sherrydreiecks markieren: Jerez de la Frontera, Sanlúcar de Barrameda und El Puerto de Santa Maria. Die Bodegas heißen auf (Amts-)Spanisch: *Bodegas de Crianza de expédition.* Natürlich ist es im Rahmen dieses Buches unmöglich, jedem dieser Produzenten den ihm gebührenden publizistischen Raum zuzugestehen, aber wir haben uns bemüht, vor allem die hierzulande bekannten Marken ein wenig zu beleuchten. Ein wichtiges Kriterium ist dabei auch die Möglichkeit, einer oder mehrerer dieser Kellereien einen Besuch abzustatten und dort, also vor Ort, Sherrys zu verkosten. Sie werden feststellen, dass sie in Andalusien natürlich anders als zu Hause schmecken; sich davon allerdings täuschen zu lassen, wäre fatal, denn die Möglichkeiten, in der Heimat an dieses großartige Getränk heranzukommen, sind mittlerweile riesengroß ...

Das königliche Fass in der Bodega Sanchez Romate (oben links) I Richtige Rebstockpflege ist immer noch Handarbeit I Prominentenfässer in der Sacristía der Domecq-Bodega El Molino (unten)

Gonzalez Byass

C/ Manuel Maria González 12
11402 Jerez de la Frontera
Tel.: +34 56 35 70 16 und +34 56 35 70 00
Fax: +34 56 35 70 46
E-Mail: tiopepeturismo@gonzalezbyass.es
Internet: www.gonzalezbyass.es

Einer der auffälligsten und schönsten Betriebe in Jerez: Bemerkenswert ist eine von Gustave Eiffel konstruierte, runde Bodega. Der Sherry ist unter der Marke *Tio Pepe* und Byass weltbekannt, das Unternehmen deckt die ganze Palette vom Fino bis zu Pedro Ximinez ab. Es wurde 1835 gegründet und Manuel Maria Gonzalez war gerade mal 23 Jahre alt, als er mit dem Herstellen und Export des Weines begann. 1844 schickte er die erste Schiffsladung gen England. Er bat Robert Blake Byass, seinen späteren Handelspartner, diesen *extrem bleichen Wein* (*very pale*) zu verkosten. Gelernt hatte Gonzalez das Weinmachen von seinem Onkel José Angel de la Peña, dessen Namen der Sherry noch heute trägt – eben Tio (Onkel) Pepe (José).
Gonzalez Byass ist heute eines der bedeutendsten Unternehmen in der europäischen Getränkeindustrie. Neben Sherry wird auch der berühmte Brandy de Jerez destilliert.

42

Bodegas Domecq
Cuesta del Espiritut
11403 Jerez de la Frontera
Tel.: +34 56 15 15 00 und
+34 56 14 22 50 (Verwaltung)
Kontakt über die Verwaltung –Domecq verfügt über mehrere Bodegas
in Jerez. Wann diese besucht werden können, erfährt man hier.

Die Familie Domecq ist eine der größten in Jerez. Bis vor
wenigen Jahren war das Unternehmen Bestandteil des damals zweitgrößten Spirituosen- und Weinherstellers sowie
–Produzenten weltweit –Allied Domecq. Nach dem Ende
des Konzerns sicherte sich Pernod Ricard den Löwenanteil
des Unternehmens.
Zwar stellen auch die Bodegas Alvaro Domecq Sherry
her, der weitaus bekannteste allerdings stammt aus dem
Hause Pedro Domecq und heißt *La Ina* – ein Very Dry Fino.
Natürlich bietet die Bodega auch Amontillados, Olorosos,
einen Palo Cortado und den PX *Venerable*. Sie gehören zu
den seltensten und teuersten Sherrys, welche die Region
zu bieten hat.

43

Bodegas Harveys
C/ Pizarro Muñoz Cébrian
11401 Jerez de la Frontera
Tel.: +34 56 34 60 00 und +34 56 15 15 00
E-Mail: visitas@bodegasharveys.es
Internet: www.bodegasharveys.es

Die Sherry-Marke von Harveys, Bristol Cream, ist welt-weit eine der größten des gespriteten Weines: Benannt nach dem großen englischen Hafen, laufen die Geschäfte zwischen dieser Stadt und Harveys in Jerez schon seit 1795 ausgezeichnet. In der größten Bodega von Harveys, *El Brigadier*, lagern 6000 Fässer, die nur für den lange ge-alterten *Old Secret Blend* für *Harveys Bristol Cream* be-stimmt sind. Hier finden die Besucher ein ausgezeichnetes Beispiel für die typische *Kathedralen-Architektur*, die die andalusischen Bodegas so berühmt gemacht hat.

Neun Sherry-Qualitäten stehen zur Verfügung: Fino, Pale Cream, Amontillado, Bristol Cream, Harveys Reserve, Gran Solera, Rich Oloroso, Fine old Amontillado, Palo Cortado.

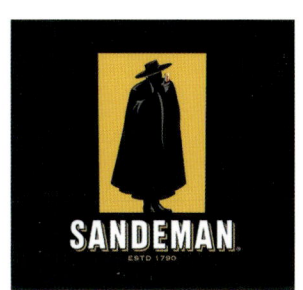

Sandeman
C/ Pizarro 10
11403 Jerez de la Frontera
Tel.: +34 56 31 29 95
Fax: +34 56 30 26 26
E-Mail: visitors@sandeman.com
Internet: www.sandeman.de und
www.pernod-ricard-deutschland.de

1790 gründete George Sandeman das gleichnamige Unternehmen in London. Von seinem Vater lieh er sich 300 Pfund Sterling und begann eine Karriere als Weinhändler. Im Laufe seiner Karriere war Sandeman Pionier für eine ganze Reihe von Einrichtungen im Weingeschäft. So *erfand* er 1805 die Registrierung der Fässer mit einem *Brandzeichen*; er warb professionell als einer der ersten für seine Weine und versah die Flaschen mit einem Etikett.

1928 entstand der *Don*, das Wahrzeichen des Unternehmens mit seinem weiten Umhang und dem Caballero-Hut. Somit feiert der Sandeman-Don im Jahre 2008 seinen 80. Geburtstag und ist heute eines der bekanntesten Markenzeichen der Weinindustrie.

45

G. Massiot

SANDEMAN
PORT and SHERRY

Heute verbirgt sich hinter diesem Namen eine weltweit bekannte Sherry- und Portweinmarke, zur Company gehören bekannte Bodegas in Spanien und Quintas sowie große Weinhäuser in Portugal. Die Basis für den über 200 Jahre währenden Erfolg waren und sind *die Ausgewogenheit zwischen Tradition und Innovation, Respekt vor dem Erbe und das ständige Bestreben nach Qualitätsverbesserungen.*

Sandeman dürfte weltweit die bekannteste Sherry- und Portweinmarke sein. In Deutschland ist Sandeman im Vertrieb von Pernod-Ricard mit den Qualitäten Dry Seco, Medium Dry und Rich Golden Marktführer. Einen wichtigen Beitrag zu diesem Renommee leisten ständig weiterentwickelte Qualitätskontrollen und natürlich die bewegte Historie. 1980 wurde Sandeman Teil des Seagram-Konzernes (für 17 Millionen Pfund), nach dessen Ende übernahm Pernod-Ricard eine ganze Reihe weltbekannter Marken. Die Marke Sandeman ist im Besitz von Sogrape.

Sandeman gehört zu den größten Sherryproduzenten. Die bekanntesten Marken sind Don Fino, Dry Seco, Dry Don Medium Amontillado, Dry Don Medium Charakter, Rich Golden, Armada Cream Oloroso, Imperial Corregidor Oloroso, Royal Corregidor Oloroso, Royal Ambrosante P. X. und Royal Esmeralda Amontillado.

Einen Besuch wert ist das Sandeman Visitors Centre im Zentrum von Jerez mit seinem großen historischen Weinkeller. Dort werden Tastings der Sandeman Premium Sherrys angeboten. Führungen in deutscher Sprache gibt es an Werktagen stündlich. Eine telefonische Reservierung ist empfehlenswert.

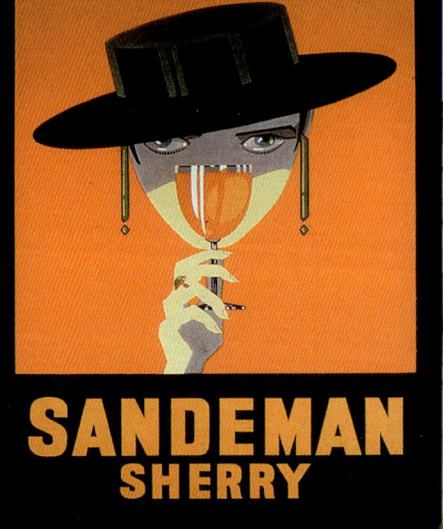

Williams & Humbert

Ctra. Nacional IV Km 641.7
11408 Jerez de la Frontera
Tel.: +34 56 35 34 06
Fax: +34 56 35 34 03
E-Mail: williams@williams-humbert.com
Internet: www.williams-humbert.com

Bringen Sie Zeit mit, wenn Sie diese Bodegas besuchen: Williams & Humbert besitzt hier mit 180 000 m² einen der größten Weinkeller.

Die Geschichte der Bodega geht zurück aufs Jahr 1870, als der Gründer, Alexander Williams, von London nach Jerez auswandert, um das *winemaking* vor Ort kennenzulernen. Schon 1877 gründet er seine eigene Bodega und gibt ihr (nach seiner Heirat mit der in Jerez lebenden Engländerin Ammy Humbert) seinen Namen und den seines Kompagnons Arthur Humbert – Williams & Humbert. Heute exportiert das Unternehmen in 80 Länder der Welt. Eine Sherryserie trägt den legendären Namen *Dry Sack*. Einige der Qualitäten werden in einem Jute-Säckchen verkauft. Mit den beiden Weingütern *Las Conchas* und *La Merced* besitzt die Firma zwei der besten Lagen der Region.

Bodegas Maestro Sierra

Plaza de Silos 5
11403 Jerez de la Frontera
Tel.: +34 56 34 24 33
Fax: +34 56 34 24 33
E-Mail: info@maestrosierra.com
Internet: www.maestrosierra.com

Nur drei Minuten zu Fuß von den Ramblas der Stadt Jerez entfernt ist Maestro Sierra leicht zu erreichen. Seit 1830 existiert das Unternehmen, das nur Sherrys höchster Qualität herstellt. Die Reifung erfolgt in amerikanischen Eichenfässern. Hier ist Handarbeit angesagt. Maestro Sierra ist bekannt dafür, sich mehr auf Qualität zu konzentrieren als auf Quantität. Sherry-Qualitäten: El Maestro Sierra Amontillado, Oloroso 1/14, Pedro Ximinez Viejisimo, Oloroso Jerez Extra Viejo 1/7; natürlich fehlen auch Fino, Cream Oloroso und Amoroso nicht im Sortiment.

Emilio Lustau

C/ Arcos 53
11408 Jerez de la Frontera
Tel.: +34 56 34 15 97
Fax: +34 56 34 77 89
E-Mail: lustau2@a2000.es
Internet: www.emilio-lustau.com

1896 gründete José Ruiz-Berdejo Emilio Lustau. Zunächst baute er Wein auf seiner Fläche *Nuestra Señora de la Esperanza* an. Das lag außerhalb von Jerez. Die Firma Lustau verkaufte den Wein an die Bodegas, die aufgrund ihrer Struktur und ihrer Kontakte in der Lage waren, den Wein zu exportieren. Also war Lustau zu Beginn ein klassischer *Almacenista*, ein *Lagerhalter*. Das änderte sich im Laufe der Zeit ganz gewaltig. Heute konzentriert sich das Unternehmen auf exklusive Blendings und diese Kunst beherrschen die Kellermeister dort perfekt – wie der Erfolg und zahlreiche internationale Auszeichnungen beweisen: Unter 9000 Einreichern wurde Lustau z. B. für seinen Manzanilla Amontillado Jurado mit Gold ausgezeichnet – ebenso wie der 20 Jahre alte VOS Amontillado und der P. X. San Emilio ...

Osborne y Cie. S.A.
Fernán Caballero 3
11500 El Puerto de Santa Maria
Tel.: +34 56 85 52 11
Fax: +34 56 85 34 02
E-Mail: info@osborne.com
Internet: www.osborne.com

Don Thomas Osborne nannten die Spanier den Engländer, der dieses Unternehmen gründete – 1772. Noch heute ist der Sherry-, Brandy- und Portwein-Gigant in Familien-besitz. Wer mit dem Auto durch Spanien, vor allem durch den Süden des Landes reist, kommt nicht vorbei an einem der wichtigsten Wahrzeichen der Iberischen Halbinsel, dem schwarzen, zwölf Meter hohen Osborne-Stier aus Stahlblech, der mittlerweile sogar unter Denkmalsschutz steht. Ein eigener Schmied sorgt dafür, dass die schwarzen Riesen in Schuss bleiben.

Emilio Hidalgo

C/ Clavel 29
11405 Jerez de la Frontera
Tel.: +34 56 341078
Fax: +34 56 320922
E-Mail: emidalgo@teleline.es
Internet: www.emiliohidalgo.es

Der Weinhandel war die Grundlage, auf die José Pantaleón Hidalgo 1792 sein Unternehmen gründete – er hatte seinerzeit den Lagerkeller von seinem Schwiegervater erworben. Das war die traditionelle Basis, denn seitdem wurde die Bodega grundsätzlich von den Vätern auf die Söhne vererbt. Noch immer haben wir es hier mit einem Familienbetrieb zu tun. Das ist auch einer der Gründe, warum die Individualität der Weine an oberster Stelle steht. Ein wichtiger Schwerpunkt der Bodega liegt eindeutig auf den süßen Pedro-Ximinez-Weinen. Bei Sherry-Aficionados höchst beliebt sind allerdings auch ein Palo Cortado (Marques de Rodil), ein Amontillado (El Tresillo 1874) und ein Oloroso Seco (Gobernador).

Sanchez Romate HNOS.S.A.

Lealas 26
11404 Jerez de la Frontera
Tel.: +34 56 18 22 12
Fax: +34 56 18 52 76
E-Mail: info@romate.com
Internet: www.romate.com

Eigentlich ist Sanchez Romate eine der kleineren, aber exklusivsten Bodegas in Andalusien, für ihren legendären Brandy de Jerez – Cardenal Mendoza – bekannt. Das hindert die Verantwortlichen der Kellerei allerdings nicht daran, großartige Weine zu keltern.

Die Bodega existiert seit 1781, die Spezialität ist eindeutig Brandy, aber – versteckt mitten in der Bodega – wird eine (leider) limitierte Menge großartiger Sherrys zur Vollendung gereift. Nur wenige dieser Weine gelangen in den Handel, die meisten Flaschen sind dem Genuss der Familie vorbehalten – schön für die Familie – schade für uns ...

Bodegas Tradicion
Plaza Cordobeses 3
11408 Jerez de la Frontera
Tel.: +34 56 16 86 28
Fax: +34 56 33 19 63
E-Mail: jerez@bodegastradicion.com
Internet: www.bodegastradicion.com

Dabei handelt es sich um einen wirklich einzigartigen Weinkeller im Zentrum von Jerez de la Frontera. Nur 750 Fässer Sherry reifen hier ihrer Vollendung entgegen. Das ist ein Bruchteil dessen, was große Sherry-Bodegas in ihren Kathedralen durch die Solera schicken. Hier allerdings geht es um etwas ganz anderes: Sherry mit Ursprungsgarantie. In den Reifezyklus wandern nur die ältesten verfügbaren Weine. Bei Bodegas Tradicion werden nur Tropfen produziert, die zur Kategorie VOS oder VORS gehören. Es sind auch nur vier Sherrytypen, die würdig sind, hier in Flaschen abgefüllt zu werden: Amontillado, Oloroso, Palo Cortado und Pedro Ximénez.

In der *Sakristei*, dem Heiligtum der Bodega, sind Originalfliesen zu bewundern, die von Pablo Picasso kreiert wurden. Die Sakristei ist gleichzeitig ein Museum, in dem so ganz nebenbei die ältesten Weine lagern.

Ein *Must* für Sherry- und Kunstliebhaber ...

Die Kathedrale La Colegiata ist die bedeutendste Kirche in Jerez de la Frontera, erbaut auf den Grundmauern einer Moschee. Im Vordergrund steht die Statue Don Pedro Domecqs (Seite 54/55).

Die Rezepte

Sie stammen zum Teil von den beiden aktuellen Sherry-botschaftern in Deutschland und wurden bisher noch nie publiziert. Klaus Mayer und Michael Recktenwald haben uns diese Rezepte exklusiv zur Verfügung gestellt. Wir (und die Köche) haben darauf verzichtet, Standards zu präsentieren, die ihren Bezug zu diesem außergewöhnlichen Wein nur dadurch dokumentieren, mit zwei mageren Esslöffeln in irgendeiner Sauce unterzugehen: Wir wollen Ihnen hingegen empfehlen, welcher Sherry zu welchem Gericht passt, denn Sherry ist nicht nur ein vorzüglicher Aperitif, in seinen süßen Varianten ein ausgezeichneter Digestif, sondern vor allem ein Menübegleiter, der wie kaum ein anderer in der Lage ist, Spaß zu machen, kulinarische Highlights zu vollenden, kurz:

Sherry rockt ...

Ein guter Anfang: Fino oder Manzanilla als Aperitif (oben links) | Tapas-Bar in Jerez (oben rechts) | Sherry ist auch ein hervorragender Menübegleiter (unten)

Wolfsbarsch
mit geräuchertem Tomaten-Mandel-Kompott und Petersilienjus
für 4 Personen

Wolfsbarsch
400 g Wolfsbarsch
(filetiert)
20 g Butter
1 Thymianzweig

Tomaten-Mandelkompott
16 Eiertomaten
150 g gehackte Mandeln
30 g Zucker
10 g Tomatenmark
50 ml Olivenöl
1 Esslöffel Räucheröl
(im Feinkosthandel erhältlich)
10 ml Himbeeressig
Tabasco

Petersilienjus
1 kg Blattpetersilie
40 g Crème Fraîche
Salz

1. Wolfsbarsch in gleichgroße Stücke schneiden.

2. Tomaten blanchieren, häuten und entkernen, dann in Würfel schneiden und mit Zucker und Salz würzen. Die Tomaten mit Mandeln, Zucker, Tomatenmark, Olivenöl, Räucheröl, Himbeeressig und Tabasco zu einem Kompott verarbeiten.

3. Petersilie waschen, von den Stielen befreien und blanchieren, dann mit Crème Fraîche und Salz mixen, passieren und in einem Topf erhitzen.

4. Wolfsbarsch in einer Pfanne auf der Hautseite anbraten, wenden und mit Butter und Thymian gar ziehen lassen.

5. Das Tomatenkompott mit dem Fisch auf einem Teller anrichten, Petersilienjus auf den Teller streichen.

Dazu: Palo Cortado VORS
Ein halbtrockener Sherry verlangt nach viel Kraft und einem ausgeprägten Spiel mit der Süße im Gericht. Durch das kräftige Anbraten des Fisches auf der Hautseite entstehen Röstaromen, die ausgezeichnet zu diesem Sherry passen.

Gebratene Jakobsmuscheln
auf Graubrot mit Trockenfrüchten, Blutwurst und Gänseleber
für 4 Personen

8 Jakobsmuscheln, ausgelöst,
ohne Corail
8 Scheiben Graubrot (4 × 4 cm)
80 g Trockenfrüchte-Chutney
50 ml Pedro Ximinez–Sherry
120 g Blutwurst
100 g Gänseleber
20 ml Traubenkernöl
20 g Butter
1 Thymianzweig
Salz, Pfeffer, Zucker

Dazu: Pedro Ximinez
Eine wohl gewagte Kombination: einer der süßesten Weine und das wohl feinste Schaltier. Das muss, um dem Sherry in der Marinade standzuhalten, sehr kräftig angebraten werden.

1. Jakobsmuscheln unter fließendem Wasser kurz waschen und auf ein Küchentuch legen.

2. Die Trockenfrüchte in kleine Würfel schneiden und in dem lauwarmen Sherry ca. eine Stunde marinieren.

3. Blutwurst und Gänseleber in jeweils vier Scheiben schneiden (4 × 4 cm), salzen und pfeffern.

4. Die Hälfte der Graubrotscheiben mit den Trockenfrüchten belegen, die geschnittene Blutwurst darauflegen und darauf die restlichen Brotscheiben. In einer Pfanne bei mittlerer Hitze beidseitig in Öl kross anbraten.

5. In einer zweiten Pfanne die Jakobsmuscheln kurz braten und knapp vor dem Ende des Vorgangs Butter und Thymian dazugeben.

6. Graubrote aus der Pfanne nehmen, auf einen Teller legen, mit den gewürzten Blutwurst- und Gänseleberscheiben belegen und darauf die Jakobsmuscheln setzen.

Schollenfilet
in Mandel-Zitrus-Panade
Vorspeise für 5 Personen

5 Schollenfilets mit Haut
1 Zitrone – ungespritzt
30 g Mandelblättchen
Salz, Pfeffer
1 Ei
50 g helles Paniermehl
Pflanzenöl

1. Zitrone schälen und $1/8$ der Schale ganz fein hacken. Paniermehl, Mandeln und Zitronenschale mischen.

2. Schollenfilets mit Zitronensaft, Salz und Pfeffer würzen.

3. Das Ei aufschlagen.

4. Den Fisch auf der Seite ohne Haut ins Mehl drücken, anschließend durch das aufgeschlagene Ei ziehen und schließlich in die Mandel-Zitrus-Panade drücken.

5. Öl in einer Pfanne erhitzen, Schollenfilets zunächst auf der panierten Seite, dann auf der Hautseite braten (die Filets sind fertig, wenn sie eine goldbraune Farbe haben).

6. Baguette ergänzt das Gericht.

Dazu passt ein Manzanilla oder Dry Seco.

Frischkäseterrine
mit Oliven, getrockneten Tomaten, Krabben und Mandelsauce
Vorspeise für 5 Personen

Mandelsauce
15 g Mandelblättchen
50 ml Sahne
5 g Mandelöl
50 g Joghurt
Salz, Pfeffer

Terrine
200 g Frischkäse
1 Blatt weiße Gelatine
20 g schwarze Oliven
20 g getrocknete Tomaten
(in Öl eingelegt, Abtropfgewicht)
50 g Nordseekrabben
(alternativ: Shrimps)
100 g geschlagene Sahne

20 gesalzene Mandeln

1. Am Tag zuvor die Basis der Mandelsauce zubereiten: Mandelblättchen in einer Pfanne ohne Fett goldbraun rösten. Die Mandeln zur Sahne geben und die Mischung langsam bis zum Siedepunkt erhitzen. Über Nacht zugedeckt im Kühlschrank stehen lassen.

2. Am nächsten Tag mit dem Stabmixer pürieren, Joghurt und Mandelöl zufügen und mit Salz und Pfeffer abschmecken.

3. Für die Terrine den Frischkäse geschmeidig rühren.

4. Die Gelatine in kaltem Wasser einweichen, Oliven und Tomaten klein hacken, Granat klein schneiden; anschließend alles unter den Frischkäse rühren.

5. Die ausgedrückte Gelatine in einem Topf mit etwas Wasser erwärmen, bis sie sich aufgelöst hat.

6. Einen Esslöffel Frischkäse mit in den Topf geben und vorsichtig erwärmen, bis sich die Gelatine gut mit der Masse verbunden hat, dann alles zügig mit dem Schneebesen in die Käsemasse rühren.

7. Die Masse kalt stellen. Wenn sie zu stocken beginnt, die geschlagene Sahne unterheben. Anschließend in eine kleine mit Klarsichtfolie ausgekleidete Terrinenform oder in kleine Portionsförmchen füllen und einige Stunden durchkühlen lassen.

8. Anrichten: Terrine aus der Form stürzen, eine Scheibe oder ein Förmchen in die Mitte eines Tellers geben, Mandelsoße darum gießen und mit drei bis vier Salzmandeln garnieren.

Dazu: Dry Seco oder Manzanilla

Gebackenes Kabeljaufilet
auf Muschelschaum mit Perlen von Steckrübe, Roter Bete und Boskoop mit ostfriesischen Kartöffelchen
für 5 Personen

Kabeljau
350 g Kabeljaufilet mit Haut
Salz, Pfeffer, Zitrone, Mehl
Oliven- oder Sonnenblumenöl
zum Braten

Muschelschaum
500 g Miesmuscheln
200 ml trockener Weißwein
1 Knoblauchzehe
50 g Zwiebel
frisch gemahlener weißer Pfeffer
60 g Butter
80 g Sahne, steif geschlagen

Gemüse-Apfel-Perlen
1 Steckrübe
1 Rote Bete
20 ausgesucht kleine Kartöffelchen (Bamberger Hörnchen,
Grenailles o. ä.)
2 Boskoop-Äpfel
1 Msp. Kurkuma
etwas Butter zum Anschwenken
Oliven- oder Sonnenblumenöl
zum Braten

1. Muscheln waschen und putzen, geschlossene Exemplare aussortieren.

2. Den Weißwein mit Knoblauchzehe, Zwiebel und viel weißem Pfeffer aus der Mühle aufkochen; die Muscheln hineingeben und zugedeckt kochen, bis sie sich öffnen. Muschelfleisch auslösen und beiseite stellen.

3. 100 ml Kochfond abmessen und ein wenig reduzieren.

4. Steckrübe schälen, 15 Kugeln ausstechen (Ø ca. 1 cm), in Salzwasser blanchieren.

5. Rote Bete im Ganzen mit der Schale weich kochen, schälen, auskühlen lassen und ebenfalls Kugeln ausstechen.

6. Kartoffeln waschen, kochen, schälen und auskühlen lassen. Boskoop schälen und 15 Kugeln ausstechen.

7. Die Steckrüben-, Rote Bete- und Apfelkugeln mit Kurkuma in Butter anschwenken und mit Salz und Pfeffer würzen; Kartoffeln in Pflanzenöl goldbraun braten, salzen, pfeffern.

8. Den Kabeljau in fünf Stücke schneiden, mit Zitrone, Salz und Pfeffer würzen, in Mehl wenden und auf der Hautseite knusprig anbraten, anschließend umdrehen und bei milder Hitze zu Ende garen.

9. Den reduzierten Muschelfond mit 60 g kalter Butter mixen, geschlagene Sahne und Muscheln dazugeben.

10. Muschelschaum auf vorgewärmte Teller geben, die Kartoffeln und Gemüse-Apfel-Perlen verteilen und den Kabeljau mit der Haut nach oben auf den Schaum legen.

11. Evtl. in den Muschelschaum noch einen Esslöffel Fino zur Abrundung geben.

Dazu: Dry Seco oder Manzanilla

Karottencreme
mit Curry, Ingwer und Zitronengras
für 5 Personen

150 g geschälte Karotten
30 g Schalotten
50 g Butter
1 TL Madrascurry
1 Prise Chilipulver
1 Stange Zitronengras
20 g Ingwerwurzel
700 ml Geflügelbrühe
(oder Rinderbouillon
oder Gemüsefond)
150 ml Sahne
Muskat, Salz

1. Die Karotten und Schalotten in Würfel schneiden.

2. Butter im Topf zerlassen und Schalottenwürfel andünsten, wenn diese glasig sind, Karottenwürfel hinzugeben.

3. Curry, Chili, gedrittelte Zitronengras-Stange und Ingwerwurzel in groben Scheiben dazugeben, kurz anschwitzen (nicht zu heiß und nicht zu lange, da der Curry sonst bitter wird).

4. Das Ganze mit der Brühe auffüllen und auf kleiner Flamme langsam köcheln, bis die Karotten weich sind.

5. Zitronengrasstücke und Ingwer entfernen, alles mit dem Stabmixer pürieren, Sahne hinzugeben, mit Muskat und etwas Salz abschmecken.

6. Verfeinert werden kann die Suppe mit einem Schuss Amontillado, gerösteten Mandeln oder Sesamsamen, die darauf gestreut werden.

7. Als Einlage empfehlen sich Garnelen oder Hühnchenfleisch.

Dazu: Amontillado oder Medium Dry

Filets vom Deichlamm
mit Schalotten, Äpfeln und Curry-Sesam-Kartöffelchen
für 5 Personen

750 g ausgesucht kleine
Kartöffelchen (festkochend,
z. B. Bamberger Hörnchen
oder Grenailles)
500 g Schalotten
500 g Äpfel (Jonagold)
170 g Lammfilets
(vom Metzger vorbereiten lassen)
15 g geschälte Sesamsamen
1/2 TL Madrascurry
Salz, Pfeffer, Zucker
Öl zum Braten

**Dazu: Amontillado
oder Medium Dry**

1. Kartoffeln am Vortag kochen, schälen und auskühlen lassen.

2. Schalotten schälen, die großen halbieren; Äpfel schälen, entkernen und in Spalten schneiden.

3. In einer großen Pfanne etwas Öl erhitzen, Schalotten anschwitzen. Wenn sie glasig sind, Äpfel hinzugeben, mit Salz, Pfeffer und etwas Zucker würzen, weiter braten, bis alles hellbraun ist. Warm stellen.

4. Eine weitere Pfanne mit Öl erhitzen und die geschälten Kartoffeln bei milder Hitze goldbraun braten, Sesamsamen und Madrascurry dazugeben, kurz mitbraten, salzen und pfeffern. Warm stellen.

5. Lammfilets von allen Seiten in der Pfanne anbraten. Anschließend bei 120 °C etwa 10 Minuten im Ofen warm stellen.

6. Anrichten: Apfel–Schalotten-Mischung in die Mitte eines Tellers geben, Kartoffeln darum verteilen, Lammfilets oben drauf legen.

Zarter Hasenrücken
mit Schoko-Ingwer-Honigsauce, Holunder-Rotkraut und Walnussknödeln
Hauptgericht für 5 Personen

Hasenrücken

2 Hasenrücken (vom Metzger auslösen und parieren lassen)
Parüren (Abschnitte) und Knochen der Hasenrücken
150 g Mirepoix (klein geschnittenes Röst-, vorzugsweise Wurzelgemüse als Schmorgrundlage)
150 ml Rotwein
200 ml Wildfond (evtl. aus dem Glas)

Schoko-Ingwer-Honigsauce

15 g Ingwer, geschält
10 g dunkles Kakaopulver
1 EL Blütenhonig
30 ml Oloroso oder Rich Golden
60 g Butter

1. Die Knochen der Hasenrücken vom Metzger klein hacken lassen, Knochen und Parüren in einem großen Bräter im vorgeheizten Backofen rundherum anbräunen; Mirepoix hinzufügen und mitrösten. In Etappen mit Rotwein ablöschen und immer wieder einkochen, anschließend Wildfond dazugeben und nochmals auf die Hälfte reduzieren und durch ein Passiersieb geben. Dieser Fond ist die Basis für die Sauce.

2. Für die Walnussknödel die Milch aufkochen, mit Salz, Muskat und Pfeffer würzen und über die Brötchenwürfel schütten, gut verrühren, etwas abkühlen lassen und das verquirlte Ei zugeben. Anschließend etwa eine Stunde quellen lassen, gegebenenfalls nachwürzen und kleine Semmelknödel formen, in heißem Wasser sieden, bis sie oben schwimmen.

Holunder-Rotkraut

400 g fertig zubereiteter
Rotkohl / Rotkabis
100 ml Holundersaft
1 EL Blütenhonig
2 Lorbeerblätter
3 Wacholderbeeren, 1 Nelke
1/4 Zimtstange

Walnuss-/
Baumnussknödel

300 g trockene Brötchen,
Rinde abgerieben, gewürfelt
150 ml Milch
Muskat, Salz und Pfeffer
1 Ei
40 g Walnüsse/Baumnüsse,
gehackt
40 g Butter
Öl zum Braten

3. Holundersaft mit Honig erhitzen, Wacholderbeeren, Nelke sowie 1/4 Zimtstange zufügen, etwas einkochen und mit dem grob gehackten Rotkohl mischen, evtl. etwas abbinden.

4. Eine Pfanne mit Öl erhitzen und bei milder Hitze den Hasenrücken anbraten, anschließend im Backofen bei 120 °C etwa 10 Min. zu Ende garen.

5. In einer weiteren Pfanne 40 g Butter zerlassen, gehackte Walnüsse/ Baumnüsse darin hellbraun rösten, Knödel abtropfen und einschwenken.

6. Aus dem obigen Wildfond die Sauce zubereiten: Fein gewürfelten Ingwer in wenig Butter anschwitzen, Fond zugeben, Kakaopulver, Honig und Oloroso einrühren und kurz vor dem Servieren mit der restlichen (kalten) Butter mit dem Stabmixer aufschlagen.

7. Hasenrücken in Tranchen auf dem Saucenspiegel anrichten, Rotkraut darumdrapieren. Knödel separat reichen.

**Dazu passt ausgezeichnet ein
Oloroso oder Rich Golden.**

**Zarter Hasenrücken
mit Schoko-Ingwer-Honigsauce, Holunder-
Rotkraut und Walnussknödeln**

Streifen vom Langeooger Reh und Champignons aus dem Wok
mit gepfefferten Kirschen und gebackenen Schoko-Nudelblättern
Hauptgericht für 5 Personen

750 g Rehfleisch (schier,
aus der Nuss oder vom Rücken)

Nudelteig
125 g Mehl, Type 405
15 g Puderzucker
2 Eier
50 g Kakaopulver (stark entölt)
1 Prise Salz

Sauerkirschen
500 g Sauerkirschen
grüner Pfeffer
(gefriergetrocknet)
20 ml Zitronensaft
Gelierzucker 1:3

500 g braune Champignons

Salz, Pfeffer, Öl zum Braten

1. Aus Mehl, Puderzucker, Eiern, Kakaopulver und einer Prise Salz einen Nudelteig herstellen. Sollte er zu fest sein, einige Tropfen Wasser hinzufügen. Mindestens eine Stunde, in Folie verpackt, ruhen lassen.

2. Die Kirschen entsteinen, 2/3 davon mit 10 getrockneten grünen Pfefferkörnern mit dem Stabmixer pürieren. Kirschmasse mit Zitronensaft mischen und mit dem Gelierzucker nach Packungsangabe einkochen, bei Bedarf etwas nachpfeffern.

3. Die Champignons putzen und in Scheiben schneiden.

4. Den Nudelteig so dünn wie möglich ausrollen und in 10 gleich große Quadrate (ca. 12 × 12 cm) schneiden. In einer Pfanne Öl erhitzen und die Nudelblätter von beiden Seiten nach und nach kross braten und warm stellen.

5. Die Pfefferkirschkonfitüre mit den restlichen Kirschen vorsichtig erwärmen.

6. Einen Wok erhitzen, das in Streifen geschnittene Rehfleisch salzen und pfeffern, in Öl scharf anbraten, Champignons zugeben, ganz kurz weiterbraten.

7. Anrichten: ⅓ der Rehfleischstreifen auf die Teller verteilen, je ein Nudcl-blatt auflegen. Das zweite Rehfleisch-drittel darauf geben, wieder ein Nudelblatt auflegen, schließlich mit dem letzten Drittel ebenso verfahren. Die Kirschen rundherum verteilen.

Dazu: Oloroso

Creme vom Ostfriesentee
für 5 Personen

330 ml Vollmilch
10 g Ostfriesentee (Beutel)
3 Eigelb
80 g Zucker
3 Blatt Gelatine
330 ml Sahne / Schlagsahne
1 Ei, verquirlt

Dazu: Pedro Ximinez

1. Die Milch aufkochen und den Tee in die kochende Milch geben, zugedeckt fünf Minuten ziehen lassen.

2. Eigelb und Zucker schaumig rühren; Gelatine in kaltem Wasser einweichen; Milch durchsieben und den Tee gut ausdrücken.

3. Die heiße Milch unter ständigem Rühren auf die Eigelb–Zuckermasse geben. Die Masse im Wasserbad (75 °C) rühren, bis sie schön cremig ist. Gelatine ausdrücken und unter die Eier–Milchmasse rühren.

4. Wenn sich die Gelatine aufgelöst hat, die Masse im kalten Wasserbad abkühlen lassen, dabei häufig umrühren. Sahne steif schlagen.

5. Wenn die ausgekühlte Masse zu stocken beginnt, die Sahne unterheben, sofort kalt stellen und mindestens zwei Stunden durchkühlen lassen. Danach in ein anderes Gefäß füllen, gut verrühren, etwas abkühlen lassen und ein verquirltes Ei hinzufügen.

6. Anrichten: Mit einem warmen Löffel Nocken aus der Creme stechen und auf einem mit Obst dekorierten Teller anrichten. Dazu passen auch in Amontillado eingeweichte Rosinen.

Schokoladen-Ravioli
mit Hagebuttenfüllung und P. X.-Sabayon
für 5 Personen

Ravioli
125 g Mehl, Type 405
15 g Puderzucker
2 Eier
50 g stark entöltes Bitterkakao-
pulver
1 Prise Salz
etwas zerlassene Butter

Füllung
60 g Hagebuttenkonfitüre
1 Eigelb

Sabayon
2 Eigelb
5 cl Pedro Ximinez
1 TL Blütenhonig
Zitronensaft

Dazu: Pedro Ximinez

1. Aus Mehl, Puderzucker, Eiern, Kakaopulver und einer Prise Salz einen
geschmeidigen Nudelteig kneten.
Wenn er zu fest ist, einige Tropfen
Wasser hinzufügen. Mindestens
eine Stunde in Folie verpackt ruhen
lassen. Nudelteig so dünn wie möglich
ausrollen und in zehn gleich große
Quadrate (ca. 12 × 12 cm) schneiden.

2. Die Hagebuttenkonfitüre mit dem
Eigelb verrühren und je einen Klecks
in die Mitte der Teigquadrate geben.
Die Nudelteigränder mit Wasser
bepinseln, die Nudelplatten über Eck
zusammenschlagen und mit einer
Gabel fest zusammendrücken.

3. Eigelb mit Pedro Ximinez, Honig
und ein paar Tropfen Zitronensaft
verrühren und im Wasserbad schaumig aufschlagen, bis das Eigelb die
ganze Flüssigkeit gebunden hat und
eine sämige Sauce entstanden ist.

4. Die Ravioli in leicht gesalzenem
Wasser in 2–3 Minuten gar kochen.

5. Anrichten: Sabayon auf vorgewärmte Teller verteilen, die abge-
tropften Ravioli darauflegen und mit
Butter bepinseln.

Kartoffel-Tortilla
mit Frühlingszwiebeln und Manchego-Käse
für 5 Personen

1 kg Kartoffeln (mehlig kochend)
1 Bund Lauchzwiebeln
8 EL Olivenöl
8 Eier
50 g Manchego-Käse
Salz, Pfeffer

Dazu: Fino oder Amontillado. Mit Chorizo zubereitet, passt auch ein trockener, kräftiger Oloroso dazu.

Variation: Es können z. B. gebratene Schinkenwürfel oder Chorizo (die scharfe spanische Paprikawurst) in Scheiben mit den Kartoffeln in die Eiermasse gegeben werden.

1. Die Kartoffeln schälen, waschen und in kleine Würfel oder Julienne (schmale Streifen) schneiden. Die Lauchzwiebeln putzen, waschen und in schmale Ringe schneiden.

2. 4 Esslöffel Olivenöl in einer Pfanne mit hohem Rand oder einer Kasserolle erhitzen. Die Kartoffelwürfel oder Julienne mit Frühlingszwiebeln darin bei mittlerer Hitze etwa 25 Minuten garen, nicht braten. Mit Salz und Pfeffer würzen.

3. Die Eier in einer Schüssel aufschlagen und verquirlen, mit Salz und Pfeffer kräftig würzen. Den Manchego-Käse reiben und daruntermischen. Das Ganze anschließend über die Kartoffeln in der Pfanne gießen. Alles bei milder Hitze knapp zehn Minuten stocken lassen.

4. Die Tortilla aus der Pfanne auf eine flache Platte gleiten lassen. Dann das restliche Olivenöl in der Pfanne erhitzen, die Tortilla umgedreht wieder in die Pfanne geben und noch einmal zehn Minuten garen.

5. Die Tortilla in Tortenstücke schneiden. Das Gericht kann warm oder kalt serviert werden.

85

Cocktails mit Sherry

Es gibt unzählige Möglichkeiten, Sherry auch im Boston Shaker oder gerührt zur Geltung zu bringen. Allerdings gibt es nur wenige Klassiker. Oft handelt es sich um Fantasie-Drinks, bei denen nicht der Sherry, sondern der harte Schnaps im Drink die Hauptrolle spielt.

Renommierte Barkeeper bieten Aperitifs an, bei denen verschiedene Sherrysorten untereinander gemischt werden, oft spielt auch Wermut eine Rolle. Drei Klassiker wollen wir hier erwähnen.

Sandeman's Cocktail

Dieser von Max Schmidt kreierte und Walter Albert Sandeman gewidmete Drink gewann 1929 in Köln den Ehrenpreis bei der International Cocktail Competition ...

3 cl Sherry Fino
(Sandeman Dry Seco)
2 cl Dry Gin
1 cl Grand Marnier
1–2 Barlöffel Kirschbrand

Alle Zutaten im Mixglas auf Eis rühren und in eine Cocktailschale (spitz) abseihen.

Garnitur: Zitronenachtel, Kirsche

Xerez

5–6 cl Sherry (Amontillado, Oloroso oder Rich Golden)
1 Spritzer Bitterorange
1 Spritzer Bitterpfirsich
(Bitterlikör mit Pfirsich)

Alle Zutaten im Rührglas auf Eis verrühren und anschließend in eine Cocktailschale abseihen.

Fog Cutter

»Nebelschneider«, 1950 kreiert vom Gründer der »Trader Vic's« – Polynesische Restaurants –, Vic Bergeron.

3 cl Brandy de Jerez
2 cl Sherry (Cream oder P. X.)
2 cl Dry Gin
1–2 cl weißer Rum
6 cl Zitronensaft, frisch gepresst
3 cl Orangensaft, frisch gepresst
1–2 cl Mandelsirup

Die Zutaten (außer dem Sherry) auf Eis gründlich shaken und in einen großen Tumbler oder ein Highball-glas abseihen. Den Sherry langsam darübergießen (*floaten*).

87

Reisetipps

Nicht nur Wein ...

Alle Bodegas, die in diesem Buch erwähnt sind, lassen sich bei der Produktion ihrer Weine über die Schulter schauen. Aber auch in den meisten anderen *Kathedralen des Weins* sind interessierte Besucher willkommen, manchmal allerdings ist vorherige Anmeldung erforderlich. Nähere Informationen unter **www.sherry.org**

Hier sind Adressen und Telefonnummern derjenigen Bodegas aufgeführt, die auch im *Consejo Regulador* organisiert sind – übrigens auch die in Sanlúcar de Barrameda und El Puerto de Santa Maria. Professionell betreut werden die Besucher natürlich vor allem in den großen Bodegas; bei Sandeman ist das beispielsweise hervorragend organisiert.

Doch der Wein ist nicht alles; Jerez bietet wesentlich mehr. Die 150 000-Einwohner-Stadt ist schließlich eine der ältesten Metropolen des Kontinents.

Führung durch die Bodega Sandeman in Jerez (oben links) | Fiesta in Jerez (oben rechts) | Der Fächer, wichtiges Accessoire für Damen auf einer Fiesta (unten).

Jerez und die Pferde

Diese Tradition besteht schon seit Jahrhunderten. Die Vierbeiner der Rasse *Karthäuser* (benannt nach den Mönchen, die im 15. Jahrhundert in Jerez lebten) sind weltberühmt. In der Königlich Andalusischen Reitschule, der *Escuela Andaluza del Arte Ecuestra*, unweit von Sandeman, finden regelmäßig Vorführungen statt. Es empfiehlt sich aber, schon vor der Abreise nach Andalusien einen Platz auf den Zuschauerrängen zu reservieren, denn die Dressur-Vorführungen sind schnell ausverkauft.

Jerez und der Flamenco

Die Stadt gilt quasi als Wiege des Flamenco. Die besten Gitarrenspieler und Tänzer stammen aus Jerez. Der Besuch eines *Tablao Flamenco*, eines der zahlreichen Flamenco-Lokale, sollte auf jeden Fall eingeplant werden.
Im Santiago-Viertel der Stadt befindet sich das *Centro Andaluz de Flamenco*, das Andalusische Zentrum für Flamenco mit audiovisuellen Installationen und einer eigenen Bibliothek.

Typische Flamencokleider

Wichtige Telefonnummern

**Touristeninformation
(Informacion Turistica)**
Alameda Cristina – Edificio Los Claustros
Tel.: +34 56 341711
Öffnungszeiten: Mo.–Fr. 10.00–15.00 Uhr,
17.00–19.00 Uhr; Sa.–So. 9.30-14.30 Uhr

**Touristeninformation
am Flughafen Jerez**
Tel.: +34 56 186808
Öffnungszeiten: Mo.–Do. 9.00–13.00 Uhr,
17.00–20.00 Uhr; Fr. 9.00–13.00 Uhr;
Sa. 10.30–12.30 Uhr.

Wer mit dem Flugzeug nach Jerez reist, kann den Flug mit
Iberia via Madrid und Barcelona buchen. Urlaubscarrier
fliegen vor allem in der Ferienzeit, oft mit Zwischenlan-
dung auf Mallorca oder in anderen spanischen Ferien-
gebieten. Wer rechtzeitig bucht, erwischt schon mal ein
Schnäppchen (z. B. *TUIFly*), um ins Sherryparadies zu
kommen ...

Bodega Sandeman

Über die Autoren

Werner Obalski, Journalist, beschäftigt sich publizistisch seit 25 Jahren schwerpunktmäßig mit alkoholischen Getränken. Sherry ist eines seiner Lieblingsthemen, nicht zuletzt deshalb, weil der Wein aus Südspanien hierzulande noch immer unterschätzt wird. Das liegt in erster Linie daran, dass Genießer oft nicht wissen, was ihnen da an Genuss entgeht. Dieses Buch bietet eine willkommene Gelegenheit, das zurecht zu rücken.

Jürgen Deibel ist Deutschlands einziger hauptberuflicher Spirituosenexperte, der sich mit allen Spirituosen beschäftigt. Er blickt auf weit über 25 Jahre Beratertätigkeit zurück und arbeitet vor allem für die Gastronomie, Verbände und Produzenten. Jürgen Deibel gibt Seminare, führt durch Tastings und ist als Buchautor, Autor für diverse Fach- und Publikumsmedien und Dozent tätig.

Wir danken

Le Bazar de Cuisine, München | KOKON Lifestyle Haus, München | 1260 Grad, München | Radspieler, München | Kustermann, München | Karstadt, München für die Abbildungsgegenstände.

Für die Bereitstellung der exquisiten Rezepte danken wir den kulinarischen Sherrybotschaftern Klaus Mayer (Restaurant Ente, Nassauer Hof, Wiesbaden) und Michael Recktenwald (Restaurant Seekrug, Langeoog). Dank für die Unterstützung an das Informationsbüro Sherry, Hamburg.

Bildnachweise

Fotos: Titelbild und Bilder auf den Seiten 4, 8/9, 14 links, 16 unten, 24 links unten, 27, 28, 34/35, 36, 37, 42, 56 oben. © Informationsbüro Sherry, Hamburg | Bilder auf den Seiten 21 rechts, 54/55, 56, 90 rechts unten und 92: © www.istockphoto.com | Bilder auf den Seiten 6, 40 rechts oben, 49: © Williams & Humbert/Borco | Bilder auf den Seiten 10, 12, 14 rechts, 16 oben links, 18/19, 20 rechts, 24 unten rechts, 30, 45–48, 93: © Pernod Ricard Deutschland | Bilder auf den Seiten 16 oben rechts, 90 oben links: © Andrea Müller, Pernod Ricard Deutschland | Bilder auf den Seiten 20 links, 21 links, 24 oben, 40 unten, 43: © Domecq | Bild auf Seite 39: © Bodega Fernando Castilla | Bild auf Seite 40 links oben: © Sanchez Romate | Bilder auf Seite 51: © Bodega Osborne

Alle Foodfotos: Jana Liebenstein, München

Foodstyling: Michael Pannewitz, München

Verlagsinformationen

LebensArt – die Reihe für Genießer

Grappa – Kultur & Lebensart
von Susanna Blini, Fotos: Ansgar Pudenz
Grappa, atmosphärisch aufbereitet: Geschichte, Herstellung, Philosophie, raffinierte Rezepte und berühmte Marken. 96 Seiten mit 62 Farb- und S/W-Fotos,
ISBN 978-3-7750-0317-9.

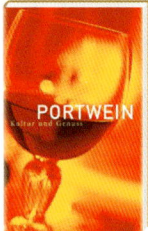

Portwein
von Hanjo Seißler, Fotos: Carsten Eichner
Kultur und Genuss dieses Zaubermittels aus dem Dourotal. Warenkunde und raffinierte Rezepte. 96 Seiten mit 54 Farbfotos,
ISBN 978-3-7750-0339-1.

Schokolade – süßes Gold
von Birgit Damer, Fotos: Elmar Schwarze
Geschichten und Warenkunde, Rezept-Kreationen von elf internationalen Spitzenköchen mit Weinempfehlungen, Zitate aus der Weltliteratur und nützliche Adressen für Schocoholics. 104 Seiten mit 73 Farbfotos,
ISBN 978-3-7750-0459-6.

Lunch für Zwei – Euro-Asiatische Rezepte
von Mirco Frentzel und Hanjo Seißler
Neue Geschmackserlebnisse mit modernen Bistrorezepten, die asiatisch inspiriert sind. Für alle, die zu zweit das Besondere lieben! 89 Seiten mit 54 Farbfotos,
ISBN978-3-7750-0509-8.

Weitere Informationen über Genussbücher bei:
Walter Hädecke Verlag | Postfach 1203 |
71256 Weil der Stadt b. Stuttgart | Deutschland
Telefon +49(0) 70 33 / 13 80 80 | Fax +49(0) 70 33 / 13 80 81 3
E-Mail info@haedecke-verlag.de